Zum 80. Geburtstag für
meine so bastel-begabte
liebe Kusine Waltraud.

Inge *

WAS UNS HÄLT UND TRÄGT

Ein Nähkästchen voller Leben

ausgewählt und zusammengestellt
von Hanna Mühlbauer

SPUREN HEIMLICHER LIEBE

In unserem Dorf zuhause machten sich junge Leute in der Walpurgisnacht gerne einen Spaß daraus, auf den Straßen Spuren aus alter Ölfarbe zu ziehen zwischen den Häusern zweier Menschen, die eine heimliche Liebschaft pflegten. Streiche – gewiss nicht zur Freude der beiden Betroffenen, aber sehr zur Schadenfreude der anderen. Heimliche, vielleicht sogar verbotene Liebschaft, angeprangert und öffentlich zur Schau gestellt – das hatte sicher peinliche Konsequenzen...

Mir geht es oft umgekehrt! Ich entdecke mich oft auf Spurensuche, ausspähend nach Spuren –
im Flugsand des Lebens verborgen.
Wie ein Archäologe suche ich nach Zeichen vergangener Spuren, die sich wie Fäden durch mein Leben ziehen und Zeugnis ablegen von Gottes gütiger Führung.

Wie ein Fährtenleser bin ich neugierig und gespannt auf Spuren der Liebe in meinem Leben.
Ich suche, weil ich diese Vergewisserungen brauche, Vergewisserungen, dass mein Leben Sinn, Richtung und Ziel hat und nicht im Nichts verläuft oder im Sand verrinnt.

Auch Menschen suche ich, die längst aus meinem Leben entschwunden, vielleicht schon tot sind. Ich suche sie, weil sie einmal mein Leben geprägt haben und wie Weichensteller waren auf meinem Lebensweg. Ich suche sie, weil ich versäumten Dank aussprechen will.

Ich suche Geschichten, die Zusammenhänge beleuchten, Wege und Umwege deuten helfen. Wege, die zu Umwegen wurden und doch ihr Gutes hatten. Umwege, die sich im nach hinein als segensreich erwiesen.
Ich suche diese Geschichten, weil ich sie irgendwann zusammenfügen will zu der Geschichte, die mein Leben heißt – und die mich zur Dankbarkeit leiten soll.

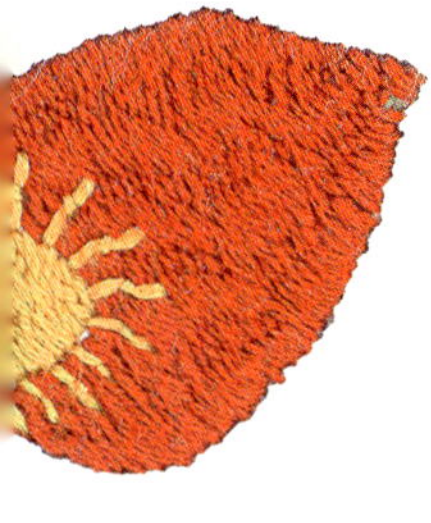

Gerhard Heilmann

auf wundersame weise
webt sich mein lebensteppich
mit beeindruckenden mustern
einer bunten farbenpracht
und genialen anordnung
zu einem wunderschönen kunstwerk

so interessant
so facettenreich
so schön
so wunderbar
hätte ich ihn selbst
nicht planen
nicht einmal träumen können

Beate Schlumberger

SCHICKSAL

Alles Flickwerk
die Tage
die Jahre
Beziehungen
das Leben

Aneinander gereihte Fetzen
unvollkommenen Menschseins
oft unpassend
scheinbar zufällig
aufgefädelt

Verwoben
zu einem Bild
voller Geheimnisse
dessen Sinn sich
manchmal offenbart
wie ein flüchtiger Traum

Hermine Geissler

MIT ZITTRIGEN HÄNDEN

ich verknüpfe die fäden
mit zittrigen händen
halte sie
webe neue hinein

am morgen
webten andere für mich

der vormittag
gehörte mir allein
meinen eigenen mustern

am nachmittag
knüpften sich neue farben
hinein wie von selbst
auch dunkle
erschienen ungebeten
in meinen händen

jetzt
am abend
verbinde ich alles
zu neuer schönheit

mit zittrigen händen
dankbar

Carola Vahldiek

LEBEN, WEBEN…

Leben, weben,
ohne zu wissen,
was werden wird.

Doch manchmal
streichen meine Hände
über das, was schon ist:

Ein buntes Tuch,
helle Streifen,
Tage voller Licht.
Leuchtendes Rot
für die Liebe,
Grün für die Hoffnung
im Hintergrund.
Auch manch dunkler Faden
zieht sich durchs Bild.

Dazwischen, immer wieder
ein glitzerndes, helles Blau.
Als webe einer den Himmel
in mein Leben hinein.

Tina Willms

VERSUCHE

Versuche
den Faden deines Glücks
selbst zu spinnen.
Wer weiß,
welch Wunderwerk
dabei entsteht.

Christa Spilling-Nöker

GEBET DER NÄHMASCHINE

Wie erfüllend und befriedigend
ist es, Herr, wenn ich aus dem,
was sich jemand in allen Einzelteilen
so wunderbar ausgedacht hat,
ein Ganzes formen kann,
etwas, das schön ist und passt
und gebraucht wird.
Es ist, als würde ich einem Schöpfer helfen.
Nicht alles klappt bei mir auf Anhieb.
Manchmal fehlt mir das Garn, die Substanz,
manchmal ist meine Spannung
nicht richtig eingestellt,
und manchmal bricht mir vor Verzweiflung
sogar die Nadel ab.
Aber ich bin entschlossen,
nicht aufzugeben,
auch wenn ich zeitweise
ordentlich sticheln muss,
bis es zu einem Ergebnis kommt.
Herr, führ du meine Nadel,
dass sich die Nähte nicht
verheddern und verknoten,
sondern mein Kleid Gestalt annimmt.

Annemarie Zeyen

MASSANFERTIGUNG

Bunt ist er, der Faden, aus dem dein Leben gestrickt ist, ein ganz besonderes Knäuel Wolle aus aneinander geknüpften Fäden, die miteinander zu einem einzigen werden.
Mal dünn und seidenfein gesponnen ist dieser Faden, mal wärmend und fest, ein andermal wohltuend kühl.
Eben noch streichelzart, kann er kurze Zeit später deutlich kratziger sein, manchmal sogar brüchig werden.
Aber all die vielen Muster in hellen und dunklen Farben mit ihren herrlichen Zwischentönen!
Manche sind nach wenigen Reihen zu Ende gestrickt, andere sind fortlaufend, teils wiederkehrend, erfinden sich hier und da neu oder werden neu erfunden, je nachdem, ob engmaschig oder großzügig locker gestrickt wird.
So entstehen unverwechselbare, oft seltsam schöne Muster und überraschende Kombinationen, bei denen es egal ist, ob sie einfach oder kompliziert sind

und ob sie gelegentlich kleine Schönheitsfehler aufweisen, wo einmal Maschen fallen gelassen wurden. So etwas kommt vor.

Wie auch die Tatsache, dass manche Maschenreihe im Nachhinein zu sehr oder kaum auffällt – aber sie ist so gestrickt wie sie ist, oft mitten im Gefüge, zu spät entdeckt, um im Nachhinein einfach aufgeribbelt werden zu können!

Das ist vielleicht schwer auszuhalten für dich. Du musst es aber erst annehmen lernen, um schließlich zu der Erkenntnis zu gelangen, dass es diese ganz persönliche Farbigkeit und Vielfältigkeit ist, die dich und dein Leben zu dem werden lässt, was du bist: Ein Einzelstück und ganz wunderbar!

Angelika Wolff

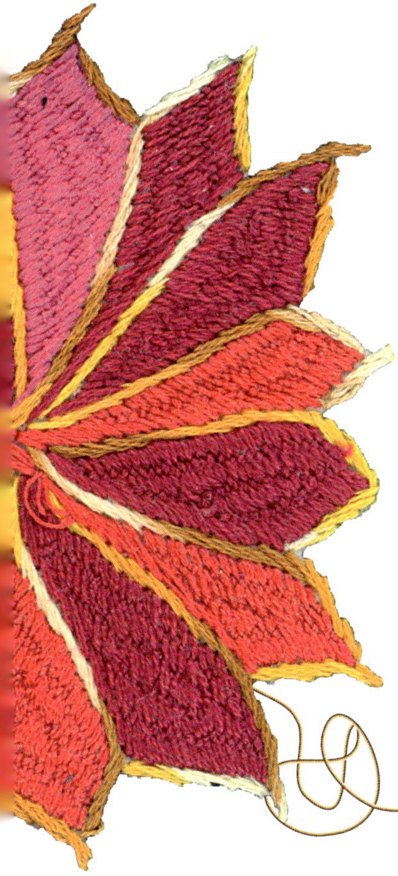

TEPPICH-SEGEN II

Das Weben des Lebens
beginnt im Mutterleib

Das Weben des Lebens
endet, wenn der Faden
abgeschnitten wird.

Ein Faden wandert
durch die Kette,
ein Muster wird zum Bild

Hanna Strack

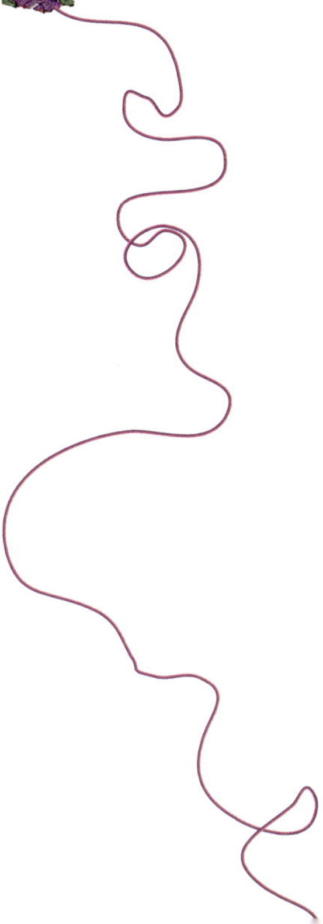

DER FADEN IN MIR

Wie zufällig
aufblitzende Perlen
rotgolden der Ring
der Mutter
Bunt spult
der Faden in mir
Schnüre
die greifen

Christel Anders

Der rote Faden ist es,
den ich suche,
in alten Bildern,
in neuen Büchern,
in Worten meiner Heimat,
im Dorf meiner Mutter,
in den Zügen meines Bruders,
im Gang meines Kindes,
im Blick über Grenzen,
in meinen Träumen.

Silvia Trummer

zur Geburt
ein Knäuel Garn geschenkt bekommen
von meiner Patentante
ariadnefadengleich
wie leuchtend roter Mohn –
mit zwölf las ich den Gruß
den sie dazu geschrieben hatte –
was immer auch geschieht
in welche Irrgärten dich das Leben
einmal treibt
mit diesem Knäuel findest du den Weg
die Liebe ist's, mein Kind
es ist die Liebe

Eva-Maria Leiber

GESCHENK

Die Lebens-
und die Sterbenstage
gereiht
auf einer Schnur
ein schillerndes Kleinod
matt der Faden
Fehlfarben
ziehen Spur –
zum Kranz gelegt
gekrönt
festlich Geschmeid
Glasperlen
Mosaik

Regina Giese

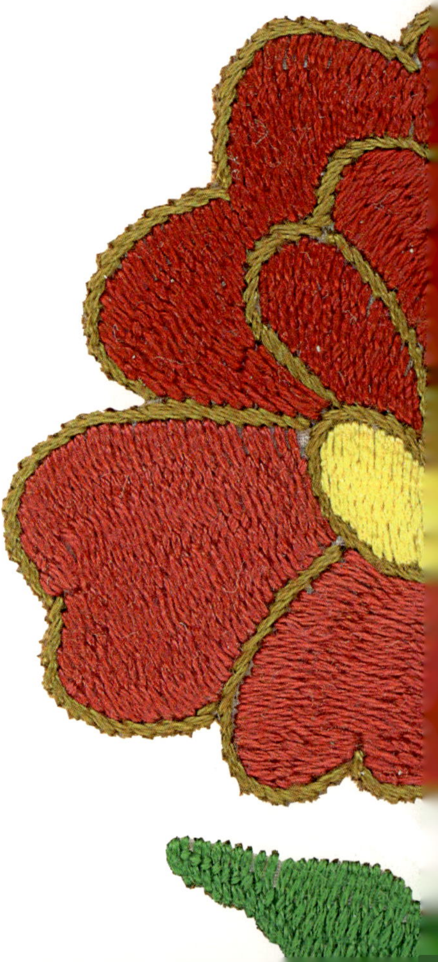

KETTE UND SCHUSS

sprachfäden
rote fäden
verse aus dem buch der bücher

und neue fäden
querfäden
zeilen von heute

kette und schuss
textgewebe
lebendiges gewebe

Elke Langstein-Jäger

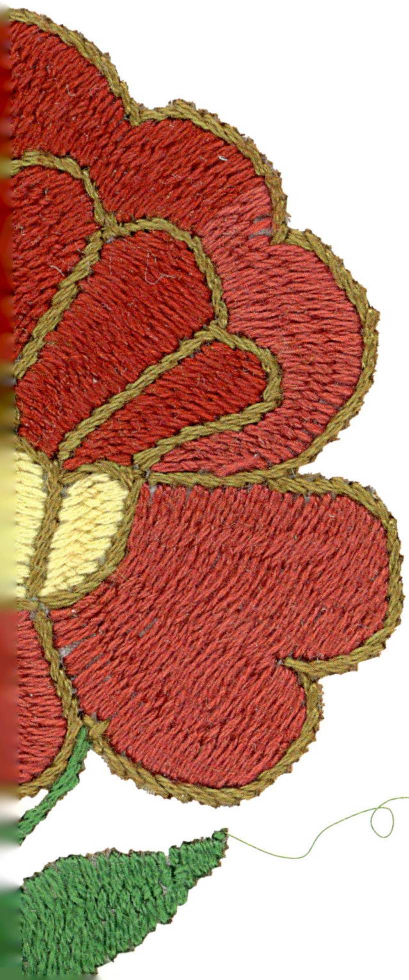

DANK FÜR DIE FREUNDE

Danke für die Menschen,
die uns mit Offenheit
und Mut machender Erwartung begegnen.

Sie sehen uns in die Augen,
ohne uns mit ihren Blicken
prüfend abzutasten.

Sie vermögen unseren Worten zu lauschen,
ohne aus unseren Äußerungen
Andeutungen von Schwächen zu er-horchen.

Sie reichen uns die Hände
in echter, ehrlicher Verbundenheit
und erfüllen mit ihrem Händedruck
nicht nur Pflichten der Höflichkeit.

Sie schließen uns in die Arme,
um uns darin zu bergen
und Heimat zu schenken.

Sie reißen faden-scheinige Schwachstellen
im Gewebe unseres Lebensentwurfs
nicht mit grober Hand aus,
sondern sind bemüht,
Seite an Seite mit uns
mit zarter Hand Fäden zu weben,
welche uns zu sinn-vollen Lebenszielen führen.

Danke für die Menschen,
die uns in der Begegnung
als Geschenk empfinden
und dabei ihrerseits zur Gabe werden,
die uns erfüllt und bereichert
im gegenseitigen Geleit-geben
und Weitertragen.

Danke für die
F r e u n d e !

Klaus Huber

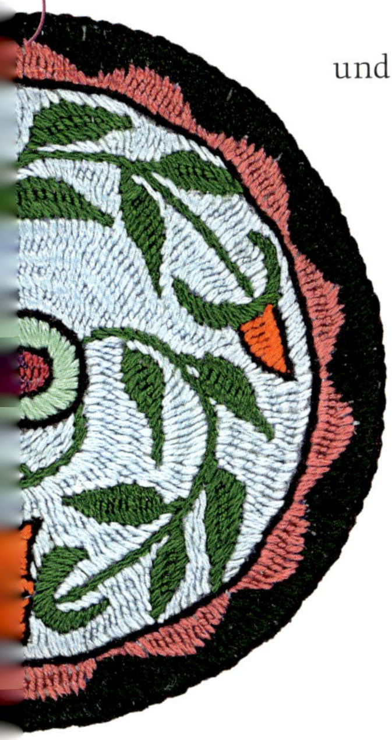

TEPPICH-SEGEN I

Im großen Welt-Teppich
bist du ein Knoten
bist du ein Kreuzpunkt
bist du ein Farbschuss

Du bist ein Teilchen
im Gewebe des Kosmos

Gesegnet seist du
Gesegnet sei dein Platz
Gesegnet sei der Teppich des Lebens

Hanna Strack

LEBENSTEPPICH

der teppich des lebens
geknüpft aus
unzähligen knoten
bunt und reich an mustern
fadenkreuzungen
wegkreuzungen
jeder knoten einzigartig und wunderbar
jeder an seinem platz
im austausch mit den anderen
durch fäden die verbinden
jeder knoten unersetzlich
und ein jeder der sich auflöst
lässt eine lücke
die nie ein anderer knoten
ganz ausfüllen kann

und doch bleibt er
bunt und ganz lebendig
so wunderbar
verwoben in liebe
der teppich des lebens

Maria Sassin

ROTER FADEN

fang geliebte
das feine band
das du mir
mutig
zugeworfen hast
ich knüpfe
ein ende
fröhlich und dankbar
an mein herz
und
werfe
dir das lange ende zu

wenn dieser
rote faden unseres lebens
weiter
zwischen uns
hin und her
geworfen wird
kann er das seil werden
auf dem wir tanzen
in freude
liebe
und vertrauen

Frank Hartmann

SEILSCHAFT

Das ist die Kunst einer guten Beziehung:
Gemeinsam die Fäden in der Hand halten
und aufmerksam für den anderen
ein gutes Seil daraus drehen.
Das trägt, hält und verbindet,
ist so belastbar,
dass auch mal ein Balanceakt gelingt,
ohne dass es gleich reißt.
Und zum Drüberspringen und Tauziehen
taugt es auch!

Angelika Wolff

GEBET EINER STOPFNADEL

Zerrissenheit – das ist ein Problem,
dem ich oft gegenüberstehe, Herr.
Wenn mal wieder die Fetzen geflogen sind
und mich große Löcher
in Hosen und Herzen anschauen,
dann kommt meine Bewährungsstunde.
Dann heißt es, die Einzelteile wieder
zusammenzufügen.
Grob- und Feinarbeit ist da gefragt,
in genau der richtigen Stärke.
Mit viel Gefühl versuche ich,
das Fehlende zu ersetzen,
auch, wenn es noch gar nicht vermisst wurde.

Und manchmal bleibt gar nichts anderes übrig,
als einen Flicken draufzunähen,
der zwar auffällt,
aber doch hält und wärmt.
Neu wird nichts mehr,
was zerrissen ist, Herr.
Das ist mir bewusst.
Aber ein wenig heilend zu wirken
könntest Du mir helfen.

Annemarie Zeyen

ZWEIKLANG

Grün und blau
blau und grün
Zweiklang
aus dem die
Welt gemacht ist

Tag so grünblau
Nacht so blaugrün
Zweiklang
aus dem gewoben ist
das Tuch des
Lebens für
Mann und Frau

Eveline Hasler

der rote Faden
eingewebt in unseren
gemeinsamen Lebensteppich
der rote Faden Liebe
manchmal schon unterbrochen
dann neu verknotet
der rote Faden hält durch

Eva-Maria Leiber

GESCHICHTENNETZ

An manchen Wegen
blühen Begegnungen
mir zu,
trinke ich Schattenstunden,
teile das Brot
von Licht und Staub
vieler Pfade
und knüpfe
meinen Faden
ins Geschichtennetz.
Wenn ich aufbreche,
wächst ihr Schatten
noch lange
schützend mit
auf meinem Weg
und hinter vielen Biegungen
wird der Wind
mir immer wieder
ein Lächeln
dieser Augenblicke
schicken,
das in meinem Herzen
Wurzeln schlägt.

Isabella Schneider

SPUREN

Unterwegs sein,
dem Leben auf der Spur bleiben,
nach Spuren suchen,
sie finden, lesen und deuten lernen.
Ihnen Vertrauen schenken, manchmal auch
Vorgespurtem ein Stückweit folgen.
In Spuren wandeln, manche als zu groß,
andere als zu eng erfahren.
Schließlich immer feineren Spürsinn entwickeln,
den eigenen Spuren trauen,
auch einmal neben der Spur sein dürfen,
aber nie die Gewissheit verlieren
dereinst nicht spurlos zu verschwinden,
sondern Lebensspuren zu hinterlassen,
unverwechselbar
in den Herzen und im Gedächtnis anderer.

Angelika Wolff

ZUFALL ODER FÜGUNG

Zufall oder Fügung? Ist mein Leben die Summe zufälliger Einzelereignisse? Eine willkürliche Ansammlung von Geschehnissen und Widerfahrnissen? Oder gibt es einen Zusammenhang, einen roten Faden, ein Muster im bunten Gewebe des Lebendigen?

Ich mache mir das klar an einem Spiel aus Kindertagen. Da gab es auf der Kinderseite einer Zeitschrift manchmal eine Fläche, auf der viele verstreute Punkte zu sehen waren. Wenn man genauer hinschaute, dann war jeder einzelne Punkt mit einer Zahl versehen. Und nahm man dann noch einen Bleistift und fuhr in der richtigen Reihenfolge zwischen den Zahlen hin und her, dann entstand aus den vielen zufälligen Punkten am Ende ein eindrucksvolles Bild.

In ähnlicher Weise kann ich mein eigenes Leben betrachten. Als leeres Blatt mit einer zusammenhangslosen Ansammlung von Punkten und Ereignissen. Als Lebenslinie ohne Einbindung in einen Zusammenhang.

Man kann alle die einzelnen Ereignisse für sich stehen lassen. Ganz zufällig befinden sie sich da, wo sie sind, ohne Beziehung zueinander. Eine unverhoffte Begegnung. Eine plötzliche Wendung im Lebenslauf. Eine Entscheidung von großer Tragweite. Schicksal, Glück, Zufall?

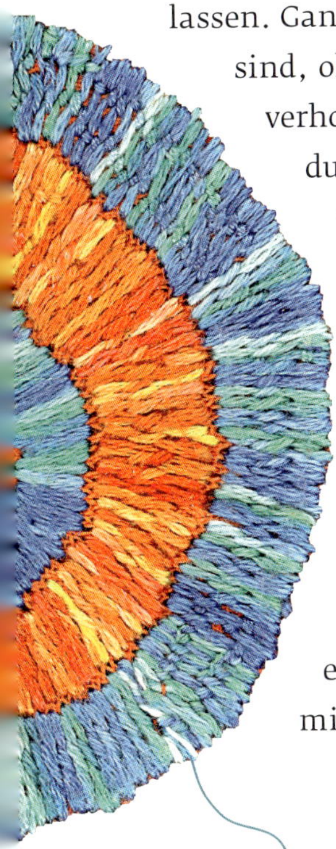

Oder erkenne ich in den vielen Einzelereignissen meines Lebens eine Ordnung, einen roten Faden? Kann ich meine Lebensgeschichte lesen als Text, der in einen größeren Kontext eingefügt ist? Finde ich darin etwas, das mich führt und von dem ich mich geführt fühle?

Ich verbinde den einen Punkt mit dem nächsten und dem übernächsten, so dass schließlich eine Linie entsteht. Ich stelle damit einen Zusammenhang her zwischen den vielen Einzelpunkten. Plötzlich werden aus den bloßen Linien Gebilde, die einen Sinn ergeben. Figuren entstehen. Und nach dieser Kurve und jener Zick-Zack-Bewegung ergibt sich am Ende das überraschende Bild einer ganzen Lebensgeschichte.

Mit dem Aha-Effekt, dass mir plötzlich die Augen geöffnet werden und ich sehe, was am Anfang noch völlig verborgen ist!

Ein tröstlicher Gedanke, der einen Zusammenhang stiftet zwischen dem, was mir oft unverständlich und zusammenhanglos erscheint. Und mich verstehen lässt, dass auch das Muster meines Lebenslaufes eingewoben ist in das große Buch des Lebens.

Klaus Nagorni

Gott, du Geheimnis der Welt und meines Lebens,
lass mich den roten Faden finden,
damit ich im bunten Allerlei dieser Welt
das Ziel im Auge behalte, zu dem du mich führst.

Lass mich das Muster erkennen,
zu dem du die vielen Einzelteile,
Zufälle und Bruchstücke
meines Lebens zusammenfügst,
so dass ein Sinn erkennbar wird –

ein großes und buntes Mosaik, in dem jede Stunde
und jeder Tag ihren Platz haben.

Klaus Nagorni

DAS WÄRE GUT

Ein unsichtbarer Geduldsfaden,
gesponnen aus feinster Seide,
belastbar und tragend
in den Momenten im Leben,
die zählen,
in denen es gilt,
miteinander oder allein
auszuhalten, durchzuhalten,
innere Ruhe und Gelassenheit
zu bewahren im Vertrauen darauf,
geführt zu werden
auf dem mir bestimmten Weg.
Dass er mir öfter einmal
nicht reiße zur Unzeit,
mein Geduldsfaden,
das wäre gut!

Angelika Wolff

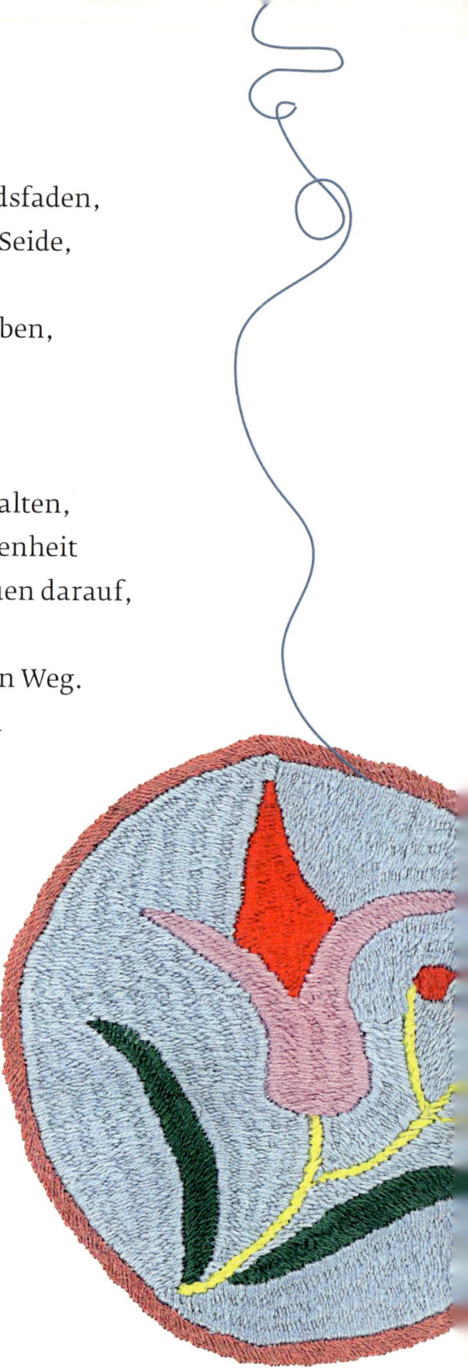

EIN WUNDERBARES GEWEBE

In der Schöpfung ist alles
miteinander verbunden.
Ein wunderbares Gewebe.
Tausend feine Fäden verbinden
Menschen mit Menschen
und mit der ganzen Natur,
mit den Wolken am Himmel
und dem Wasser in den Seen,
mit den Vögeln in der Luft
und den Fischen im Meer,
mit Blumen und Bäumen
und bunten Schmetterlingen.
Geheimnisvoll in diesem
wunderbaren Gewebe
ist Gott gegenwärtig.

Ulrich Schütz

FÄDEN VERBINDEN FRAUEN

Der eigene Lebensfaden, das Muster im Lebensteppich, die Verknüpfungen mit anderen – das sind Themen, die allen Menschen vertraut sind.
Sie beschäftigen uns und verbinden über kulturelle Grenzen hinweg. Die Stickereien in diesem Buch sind von Frauen in Afghanistan von Hand geschaffen worden. Im Rahmen eines Stickprojekts der Deutsch-Afghanischen Initiative aus Freiburg im Breisgau sticken sie in Laghmani/Afghanistan die circa 8 x 8 cm großen Quadrate mit der Hand und ernähren damit ihre Familie: eine Revolution, da sonst Frauen auf dem Land nicht die Möglichkeit haben, Geld zu verdienen.
In ihren Stickereien beschäftigen die Stickerinnen von Laghmani sich auf ihre Weise mit den großen und kleinen Fragen des Lebens. Die freie Arbeit mit Nadel und Faden - sie erfinden ihre Motive selbst, so dass jedes Stück ein Unikat ist - gibt ihnen die Möglichkeit, ihre Ideen, Hoffnungen und Wünsche jenseits aller Beschränkungen künstlerisch auszudrücken. Die leuchtenden Muster, ob figurative wie Blumen und Tierdarstellungen oder Abbildungen von Landschaften oder abstrakte und geometrische Muster, sind eindrückliche Bilder; sie sprechen ihre ganz eigene Sprache. Eine Sprache, die unmittelbar einleuchtet und überall auf der Welt verstanden wird.

Anschließend gehen die Stickquadrate, als abgeschlossene Stickerei doch als noch kein fertiges Produkt, auf die Reise nach Europa und laden als Rohling Künstlerinnen hier zur Weiterverarbeitung in eigenen kleinen Kunstwerken ein. So entstehen spannende Verknüpfungen zwischen Frauen und Menschen in aller Welt.

Wenn auch Sie diese Initiative unterstützen wollen, finden Sie hier weitere Informationen:

Deutsch-Afghanische Initiative e.V. (DAI)
Nägeleseestraße 20, 79102 Freiburg
www.deutsch-afghanische-initiative.de.

Wenn Sie Stickbilder erwerben wollen, wenden Sie sich an die Initiatorin und Betreuerin des Stickprojekts Pascale Goldenberg: Goldenberg-freiburg@t-online.de

Dieses Eschbacher Geschenkbuch ist in enger Zusammenarbeit mit dem Projekt »Fäden verbinden« der Deutsch-Afghanischen Initiative Freiburg entstanden.
Das Umschlagbild sowie die Illustrationen im Innenteil stammen von den Stickerinnen des Projektes. Vermittelt wurden sie durch Pascale Goldenberg. Weitere Informationen und Bezugsmöglichkeiten finden sich unter www.deutsch-afghanische-initiative.de

Bibliographische Information der Deutschen Nationalbibliothek:
Die Deutsche Nationalbibliothek verzeichnet diese Publikation in der Deutschen Nationalbibliographie; detaillierte Daten sind im Internet über http://dnb.d-nb.de abrufbar.

ISBN 978-3-86917-069-5

Im Alten Rathaus/Hauptstr. 37
D-79427 Eschbach/Markgräflerland

www.verlag-am-eschbach.de

Gestaltung, Satz und Repro: Finken & Bumiller, Stuttgart.
Schriftvorlagen: Petra Eva Hauser, Münstertal.
Herstellung: Druckwerke Reichenbach, Reichenbach/Vgtld.

Manufakt

Dieser Baum steht für klimaneutrale Produktion, umweltschonende Ressourcenverwendung, individuelle Handarbeit und sorgfältige Herstellung.